RAPPORT

DU

POIDS DU FOIE

AU POIDS TOTAL ET A LA SURFACE TOTALE

DE L'ANIMAL

(Communication faite au VIe congrès français de Médecine.)

PAR

M. le Dr E. MAUREL

TOULOUSE

IMPRIMERIE ET LIBRAIRIE ÉDOUARD PRIVAT

45, RUE DES TOURNEURS, 45.

—

1902

RAPPORT

DU

POIDS DU FOIE

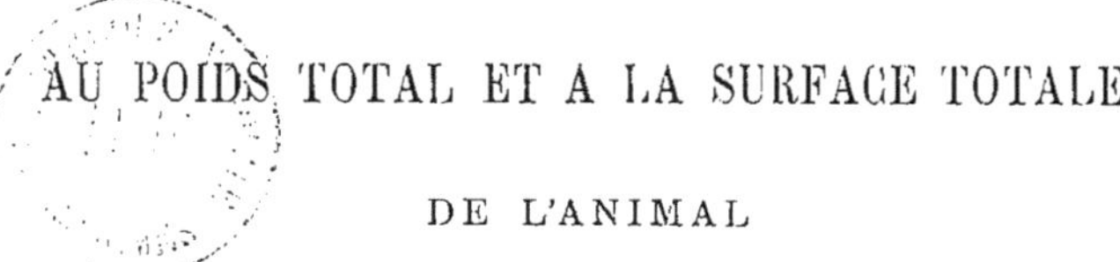

AU POIDS TOTAL ET A LA SURFACE TOTALE

DE L'ANIMAL

(Communication faite au VIe congrès français de Médecine.)

PAR

M. le Dr E. MAUREL

TOULOUSE

IMPRIMERIE ET LIBRAIRIE ÉDOUARD PRIVAT

45, RUE DES TOURNEURS, 45.

—

1902

RAPPORT DU POIDS DU FOIE

AU POIDS TOTAL

ET A LA SURFACE TOTALE DE L'ANIMAL

Plusieurs fois déjà je me suis occupé du rapport du poids du foie au poids total de l'animal.

Dès 1884, j'étudiais l'influence que peut avoir l'alimentation sur ce rapport[1]. De plus, frappé par le résultat de mes expériences, je suis revenu sur cette question la même année devant la Société de biologie[2] et en 1895[3] au Congrès général de médecine de Bordeaux.

Enfin, depuis deux ans, après avoir étudié la question au point de vue expérimental et au point de vue clinique, je l'ai abordée au point de vue de l'anatomie comparée. J'ai étudié ce rapport, avec M. Lagriffe, à l'état normal, chez le hérisson[4] et chez le lapin[5], à ma demande, le Dr Baylac a bien voulu, à son tour, l'étudier sur le lapin[6], et mes recherches personnelles ont porté sur le poulet ainsi que sur le pigeon[7].

Or, je crois d'autant plus utile de revenir sur cette question, que si mes nouvelles recherches ont confirmé mes premières conclusions en grande partie, d'une part, elles en ont modifié quelques-unes, et, d'autre part, qu'elles m'ont démontré certains autres faits importants.

Mon travail comprendra trois parties. Dans la première, j'exposerai mes recherches relativement *au rapport du poids du foie à celui de l'animal;* la deuxième comprendra l'étude

1. *Hygiène alimentaire dans les pays chauds.* (Congrès de Blois, septembre 1884.)
2. *De l'influence d'un régime fortement azoté sur le foie des herbivores.* (*Société de biologie*, nov. 1884.)
3. *Compte rendu du Congrès français de médecine*, p. 425.
4. Société d'histoire naturelle, 7 mars 1900.
5. *Ibid.*, 2 mai 1900.
6. *Ibid.*, mai 1900.
7. *Ibid.*, juillet 1900.

du *rapport du poids du même organe à la surface totale;* et enfin la troisième sera consacrée à quelques *considérations* déduites des deux premières.

I.

RAPPORT DU POIDS DU FOIE AU POIDS TOTAL DE L'ANIMAL.

COBAYE. — Chez le cobaye, ce rapport a été fort bien étudié par Alezais[1]. Je reproduis dans le tableau suivant (n° 1) les chiffres qu'il donne relatifs au poids de l'animal, à celui du foie, ainsi qu'à leurs rapports; et, de plus, j'y joins la surface de l'animal ainsi que le rapport du poids du foie à cette surface.

TABLEAU N° 1. — COBAYES

AGE	POIDS TOTAL		POIDS DU FOIE		SURFACE	POIDS DU FOIE par décimèt. carré.
	ABSOLU	MOYEN	ABSOLU	PAR KIL. d'animal.		
A la naissance...	63-88	78	4,90	63	»	»
1 à 4 jours......	50-100	75	3,16	42	»	»
	101-150	125	4,90	39	1,97	2g48
	151-200	175	7,44	42	»	»
1 mois..........	201-250	225	10,20	45	2,81	3,63
	251-300	275	12,15	46	»	»
	301-350	325	14,50	44	»	»
2 mois..........	351-400	375	16	42	4,09	3,92
	401-450	425	17	40	»	»
3 mois..........	451-500	475	22	46	»	4,78
	501-600	550	25	45	5,43	»
6 mois..........	601-700	650	26	40	»	»
	701-800	750	28	37	»	»
	801-900	850	30	35	»	4,58

Comme on peut le voir par ce tableau, la quantité de foie par rapport à l'organisme va en diminuant de la naissance à l'âge adulte. Cette quantité, représentée par 63 grammes par kilog. au moment de la naissance, tombe dans quelques jours à

1. Article *Cobaye* du *Dictionnaire de physiologie,* p. 879.

42 grammes, se maintient pendant la croissance entre 40 et 45 grammes; et enfin, la croissance achevée, il tombe entre 37 et 35 grammes.

Chez cet animal, dont les variétés s'écartent peu l'une de l'autre au point de vue du poids, l'influence de l'âge, la seule qui soit étudiée ci-dessus, se traduit donc par un rapport d'autant plus élevé que l'animal est plus jeune.

Chien. — Athanasiu et Carvallo, qui ont étudié le rapport du poids du foie à celui de cet animal[1], ont envisagé ce rapport, non plus pendant l'évolution du même animal, mais sur les diverses races de l'espèce canine qui, on le sait, en est si riche.

Les diverses races de chien présentent à l'état adulte des poids bien différents; et c'est à ce point de vue que les recherches de ces auteurs prennent de l'intérêt. Le tableau suivant, que je leur emprunte, contient les mêmes renseignements que je viens de donner sur le cobaye (nº 2).

Tableau nº 2. — CHIENS

POIDS des CHIENS	SURFACE TOTALE en décimètres carrés.	POIDS du FOIE	POIDS du FOIE par décimètre carré.	POIDS du FOIE par kil. de chien.	RAPPORT du POIDS du foie à celui du chien.	SURFACE CALCULÉE par ma méthode.	RAPPORT du POIDS du foie à cette surface.
kil.		gr.	gr.	gr.			
40	131	836	6,4	20,90	1/47	86	9,72
38	127	812	6,3	21,30	1/46	»	»
36	122	756	6,3	21,0	1/47	»	»
32	113	688	6,1	21,5	1/46	71	9,11
28	103	607	6,0	21,7	1/46		
24	93	562	6,1	23,4	1/43	»	»
20	82	512	6,3	26,6	1/39	54	9,48
16	71	451	6,4	28,3	1/35	»	»
14	65	427	6,6	30,5	1/32	»	»
12	58,5	390	6,6	32,5	1/30	»	»
10	51,5	336	6,5	33,6	1/29	34,1	9,85
8	44,5	290	6,5	36,2	1/27	»	»
7	41	266	6,5	38,0	1/26	»	»
6	37	240	6,5	40,0	1/25	»	»
5	32	211	8,1	42,2	1/23	21,5	9,81
4	28,5	211	9,1	52,8	1/19	18,5	11,51

1. *Dictionnaire de physiologie*, article *Chien*.

Dans ce tableau, on le voit, il s'agit de chiens adultes ; mais qui, par les races différentes auxquelles ils appartiennent, ont des poids bien différents. Or, on peut voir avec quelle régularité le poids du foie s'abaisse, au fur et à mesure que le volume de l'animal augmente. Il est de 52 gr. 80 par kilog. chez le chien de 4 kilog., tombe à 40 grammes chez ceux de 6 kilog., arrive entre 40 et 30 grammes jusque vers 15 kilog., et descend enfin graduellement dans les environs de 21 grammes chez ceux de 40 kilog.

Ce tableau est des plus démonstratifs ; il est saisissant par la régularité qu'il présente ; et cela que l'on rapporte le poids du foie au kilog. d'animal, ou bien que l'on compare le poids du foie au poids total. Pour cette dernière manière d'examiner ce rapport, on peut voir que tandis que le poids du foie est le 1/19 du poids total chez le chien de 4 kilog., il est le 1/30 pour celui de 12 kilog., de 1/39 chez celui de 20, et de 1/47 chez celui de 40.

De nouveau, nous voyons donc que chez les chiens adultes, qui, vu leurs races, ont des poids différents, la quantité de foie est proportionnellement d'autant plus grande que l'animal est plus petit.

Lapin. — En réunissant la série que nous avons publiée avec M. Lagriffe et les deux publiées par le Dr Baylac, nous avons trente lapins. Dans le tableau suivant (n° 3), nous avons groupé ces animaux en trois catégories, selon leurs poids. La première comprend ceux ne pesant pas 1.400 grammes ; la deuxième, ceux dont le poids est compris entre 1,401 et 1,800, et la dernière ceux pesant au moins 1,801 grammes.

Or, comme on peut le voir dans le tableau suivant (n° 4), nous retrouvons, en ce qui concerne le poids, le même fait que précédemment.

Le rapport du poids du foie au poids total va constamment en diminuant des petits animaux aux grands. Le kilog. des premiers correspond à 47 gr. 14 de foie, les moyens ont 44 gr. 52 et les plus gros seulement 38 gr. 07.

Or, les différences de race ne présentant pas les mêmes grands écarts de poids que chez le chien, nous devons admettre que les différences de poids sont dues à leur âge plus ou moins avancé. Nous nous trouvons donc dans les mêmes conditions que pour le cobaye.

TABLEAU N° 3. — LAPINS

POIDS		POIDS		POIDS	
ANIMAL	FOIE	ANIMAL	FOIE	ANIMAL	FOIE
Au-dessous de 1400.		1401 à 1800.		1801 et au-delà.	
1080	65	1470	80	1830	82
1210	65	1520	55	2200	80
1350	50	1580	70	1840	70
735	30	1600	64	1970	65
1135	65	1770	84	2050	90
1030	55	1770	85	2230	95
1390	54	1770	90	2150	96
1270	52	1800	83	1900	57
1370	62	1430	65		
		1750	68		
		1440	60		
		1700	68		
		1760	80		
1174	55,33	1645	73,23	2085	79,39

TABLEAU N° 4. — LAPINS

GROUPES	POIDS MOYENS		SURFACE TOTALE en décimètr. carrés.	RAPPORTS DU FOIE	
	ANIMAL	FOIE		par KILOG.	par DÉCIMÈTRE carré.
— 1400.....	1174	55,33	8,10	47gr14	6gr84
1401-1800	1645	73,23	10,40	44,52	7,04
+ 1800....	2085	79,39	11,70	38,07	6,77

HÉRISSON. — Pour cet animal, je n'ai que cinq autopsies que nous avons publiées avec le Dr Lagriffe[1]. Ces cinq animaux, pesant 272 grammes, 425 grammes, 500 grammes, 560 grammes et 825 grammes, la quantité de foie par kilog. a été respectivement de 69 gr. 656, 65 gr., 59 gr., 56 gr. et 54 gr. 5.

Si nous excluons les deux extrêmes de 272 et de 825 grammes et que nous réunissions les trois intermédiaires, nous arrivons aux résultats suivants : 69 gr. 60, 63 gr. 30, et 54 gr. 50, chiffres qui nous permettent de retrouver le même fait que pour le cobaye et le lapin ; la proportion du foie est d'autant plus élevée que l'animal est plus petit.

Poulets. — Ces faits établis pour les mammifères, je passe aux oiseaux, en commençant par le poulet.

Mes observations portent sur trente de ces animaux, que j'ai répartis en trois groupes : ceux au-dessous de 800 grammes ; ceux compris entre 801 et 1,100 grammes, et enfin ceux au-dessus de 1,100 grammes. Or, les résultats sont les suivants : pour le premier groupe, la proportion du foie est de 34 grammes par kilog. ; pour le deuxième, de 28 gr. 30 ; et pour le troisième, de 28 gr. 8. La loi se vérifie au moins pour les deux groupes extrêmes.

Je résume mes observations dans le tableau suivant (nº 5).

Pigeons. — Mes observations portent sur vingt-neuf de ces animaux ; et, comme pour le poulet, je les ai réparti en trois groupes. Dans le premier, se trouvent les animaux pesant moins de 350 grammes ; dans le deuxième, ceux dont le poids est compris entre 351 et 400 grammes ; dans le troisième, ceux au-dessus de 400 grammes.

Or, tandis que les plus petits ont 35 gr. 90 de foie par kilog., les intermédiaires en ont 34 gr. 20, et les plus gros seulement 31 grammes.

Comme on le voit, la loi se maintient encore dans toute son exactitude.

Je résume mes observations dans le tableau nº 6.

Si après l'exposé rapide de ces recherches, nous jetons sur elles un coup d'œil d'ensemble, nous verrons que quelques faits s'en dégagent bien nettement :

1º Le premier, c'est que pour chaque animal la proportion du foie varie avec la période d'évolution, et cela toujours dans le même sens. Cette proportion est d'autant plus grande que l'animal est plus jeune, au moins jusqu'à l'état d'adulte complet.

Nous avons vu le fait se reproduire pour le cobaye, le lapin, le hérisson, le poulet et le pigeon. Je pense donc qu'on peut désormais considérer cette loi comme générale pour les mammifères et les oiseaux.

2º L'étude sur le chien nous a permis de constater cet autre

TABLEAU N° 5. — PIGEONS

NUMÉROS D'ORDRE	POIDS TOTAL	POIDS DU FOIE	POIDS DU FOIE par kilogr.	SURFACE TOTALE en décimètres carrés.	POIDS DU FOIE au décimètre carré.
		POIDS TOTAL 800 ET AU-DESSOUS			
1	740	28	38		
2	750	25	33		
3	750	25	33		
4	760	23	30		
5	800	30	37		
6	800	28	35		
7	800	28	35		
8	800	23	29		
	Moyenne.		34	6,30	3,97
		ENTRE 801 ET 1100			
1	845	21	25		
2	850	22	26		
3	870	29	33		
4	900	28	32		
5	900	28	32		
6	950	25	26		
7	960	27	28		
8	1000	27	27		
9	1000	27	27		
10	1020	27	27		
11	1020	31	30		
12	1030	32	31		
13	1100	32	29		
14	1100	27	24		
	Moyenne.		28,3		
		AU-DESSUS DE 1100			
1	1120	37	33		
2	1150	30	26		
3	1195	37	31		
4	1195	31	27		
5	1200	34	28		
6	1250	40	32		
7	1250	40	32		
8	1450	32	22		
	Moyenne.		28,8	8dc 79	3g98

TABLEAU N° 6. — PIGEONS.

NUMÉROS D'ORDRE	POIDS TOTAL	POIDS du FOIE	RAPPORT du poids DU FOIE au poids total.	SURFACE en DÉCIMÈTRES carrés.	RAPPORT du FOIE au décimètre carré.
		AU-DESSUS DE 350 GRAMMES			
1	250	9	36		
2	290	10	34,4		
3	290	11	37,9		
4	300	10	40,0		
5	310	10	32,2		
6	310	12	38,7		
7	320	11	34		
8	320	12	37,5		
9	320	11	34,3		
10	320	12	37,5		
11	340	10	32,3		
	Moyenne.............		35,9	3dc32	3g28
		ENTRE 350 GRAMMES ET 400 GRAMMES			
1	350	14	40		
2	350	13	37		
3	355	12	34,9		
4	360	12	33,3		
5	360	13	36,2		
6	370	12	32,6		
7	370	10	27		
8	385	14	40		
9	395	12	30,6		
	Moyenne.............		34,20		
		400 GRAMMES ET AU-DESSUS			
1	400	11	27,5		
2	400	13	32,5		
3	420	14	33,3		
4	420	14	33,3		
5	430	14	32,5		
6	430	14	32,5		
7	435	11	25,3		
8	440	13	28,6		
9	445	15	33,7		
	Moyenne.............		31,0	3dc97	3g44

fait, que lorsqu'une espèce animale comprend des races dont les dimensions présentent de grands écarts, ce sont les races les plus petites, chez lesquelles la proportion du foie est la plus considérable. La différence a été des plus nettes pour le chien, qui, il est vrai, représente l'espèce pour laquelle les écarts de race sont peut-être les plus accentués.

3° Si nous comparons entre elles les proportions propres à l'âge complet de chacune des espèces précédentes, nous verrons qu'elles présentent de grandes différences. Elle est de 35 grammes pour le cobaye, de 43 grammes environ pour le lapin, dans les environs de 35 grammes pour la moyenne des chiens, de plus de 60 grammes pour le hérisson, de 30 pour le poulet et de 33 pour le pigeon. Si donc nous plaçons ces divers animaux d'après la proportion plus ou moins grande du foie, en commençant par ceux qui en ont le moins, nous aurons successivement le poulet, le pigeon, le cobaye, le chien, le lapin et le hérisson.

Mais, de plus, étant donnée la grande différence due au volume total de l'animal, et étant donné que pour le chien le poids peut atteindre 40 kilog., tandis que pour les autres il ne dépasse guère 2 kilog. pour les lapins et n'arrive pas à 1 kilog. pour le pigeon et le cobaye, pour comparer le chien avec les autres animaux, il convient de prendre ceux qui, par leur poids, s'en rapprochent le plus, c'est-à-dire ceux de 4 kilog.; et alors nous trouvons une proportion de 58 gr. 9, très supérieure à la moyenne, mais qui me paraît mieux comparable avec les précédentes.

Dès lors, un autre fait général apparaît, c'est *l'influence du régime* : les deux granivores restent au bas d'un ordre dont les deux herbivores, cobaye et lapin, occupent la place intermédiaire, tandis que le chien et le hérisson, qui sont omnivores et carnivores, tiennent le rang le plus élevé. L'alimentation animale, plus ou moins exclusive, semble donc exiger une plus grande proportion du foie, et l'alimentation par les céréales celle qui peut se contenter de la plus faible.

Ce fait, résultant de cette étude d'anatomie comparée, est corroboré, du reste, par l'expérimentation. Je rappelle que j'ai vu, dans deux séries d'expériences faites sur des lapins, expériences qui ont duré dix mois et six mois, le foie de ceux de ces animaux alimentés avec le fromage, acquérir un volume considérable relativement aux témoins, qui avaient été laissés à l'alimentation herbacée.

4° Enfin, si la quantité de foie varie avec les espèces animales, et, dans celles-ci, avec l'âge et la race, les chiffres que j'ai donnés ne démontrent pas moins que pour les animaux d'une espèce donnée, à la même période d'évolution et soumis à leur régime normal, il existe une proportion approximativement constante entre le poids total de l'animal et celui de son foie. D'où cette conclusion qui s'impose : que cette proportion est liée au bon fonctionnement de cette espèce dans les conditions normales de son existence, et que, par conséquent, cette proportion dépend probablement d'une loi physiologique et n'est pas livrée au hasard.

II.

RAPPORT DU POIDS DU FOIE A LA SURFACE.

J'aborde maintenant la deuxième partie de cette étude, celle qui a trait au rapport du poids du foie à la surface.

Comme on l'a vu, le rapport du poids du foie au poids total pour tous ces animaux est toujours allé en diminuant au fur et à mesure que le volume de l'animal augmentait. Or, le rapport de la surface au volume allant également en diminuant dans les mêmes conditions, j'ai eu la pensée de chercher pour tous ces animaux le rapport du poids du foie à la surface, comme Richet l'avait fait pour le chien.

Mais une grande difficulté s'est présentée, celle d'évaluer la surface d'animaux si différents. Vu ces difficultés, surtout quand il s'est agi d'évaluer la surface des poulets et des pigeons, j'ai dû renoncer à l'exactitude et m'en tenir à une évaluation seulement comparable.

Pour y arriver, j'ai appliqué à tous ces animaux le même procédé que j'avais utilisé pour l'homme dans d'autres travaux. Pour l'homme, j'ai considéré sa densité comme égale à 1, ce qui, en effet, est approximativement exact; puis, utilisant cette indication que sa taille est sensiblement le double de son périmètre thoracique, j'ai assimilé sa surface à celle d'un cylindre dont la hauteur serait le double de son périmètre.

Dans cette hypothese, le calcul de la surface, en fonction du poids, devient très facile : il suffit de multiplier le poids par un chiffre constant.

Or, en mesurant le périmètre de divers mammifères, j'ai trouvé qu'il était également assez rapproché de la moitié de sa longueur du museau à la naissance de la queue ; et dès lors, quoique reconnaissant ce que ce procédé de mensuration avait d'imparfait, je l'ai appliqué à ces animaux.

Enfin, n'en ayant pas d'autre, j'en ai fait également l'application aux deux oiseaux qui ont servi à mes expériences.

Il est évident, que, surtout pour ces derniers, ce procédé ne peut avoir la prétention de donner la surface exacte de ces animaux; mais cependant il me paraît suffisant pour permettre une comparaison d'abord entre les animaux de même espèce, et aussi entre les deux oiseaux qui ont servi à mes observations, les deux ayant des formes qui se rapprochent sensiblement l'une de l'autre.

Quant à la comparaison de la surface de ces oiseaux ainsi calculée avec celle des mammifères, elle perd beaucoup de sa valeur et je ne la donne que comme une indication générale en attendant que l'on trouve un procédé plus exact pour mesurer la surface de ces oiseaux. Ces réserves faites sur la valeur du procédé employé, voici quels sont les résultats.

Cobaye. — En prenant des animaux de 125 grammes, 225 grammes, 375 grammes, 550 grammes et 850 grammes, poids qui correspondent à la moyenne de ces animaux à quinze jours, un mois, deux mois, quatre mois, et tout à fait à l'état adulte, la quantité de foie par *décimètre carré*, devenu, dans ces études, l'unité de surface, j'ai trouvé, en me servant des chiffres d'Alezais, respectivement 2 gr. 48, 3 gr. 63, 3 gr. 92, 4 gr. 78 et 4 gr. 58.

Je réunis ces données dans le tableau suivant (n° 7) :

Tableau n° 7. — COBAYES

AGE DE L'ANIMAL	POIDS TOTAL MOYEN de l'animal.	SURFACE TOTALE en décimètres carrés.	POIDS TOTAL du foie.	QUANTITÉ DE FOIE par décimètre carré.
15 jours.	125	1,97	4gr90	2gr48
1 mois.	225	2,81	10,20	3,63
2 mois.	375	4,09	16,00	3,92
3 mois.	450	4,28	17,00	3,95
4 mois.	550	5,43	25,00	4,78
	700	5,76	26,00	4,51
Adulte.	850	6,55	30,00	4,58

Comme il ressort de ce tableau, pour cet animal, non seulement le poids du foie ne diminue pas au fur et à mesure que le volume de l'animal augmente, mais au contraire il va en augmentant. La diminution de la surface au volume est plus que compensée.

Remarquons toutefois qu'à partir du quatrième mois, nous trouvons un rapport sensiblement constant.

Chiens. — Dans le tableau que j'ai emprunté à Athanasiu et Carvallo (nº 2), et résumant les recherches de Richet, ce dernier a calculé la surface du chien d'après le procédé de Meeh ; et, en rapprochant cette surface du poids du foie, il est arrivé à établir que, sauf pour les animaux qui pèsent 5 et 4 kilog. qui figurent sur son tableau, le rapport du poids du foie à la surface est constant. Depuis les animaux de 40 kilog. jusqu'à ceux de 6 kilog., ce rapport est compris entre 6 et 7 grammes de foie par déc. carré.

C'est là un des points les plus intéressants de cette étude, fait sur lequel, du reste, Richet a tout particulièrement insisté et avec raison.

Pour rapprocher les observations faites sur le chien, de celles faites sur les autres animaux, j'ai calculé, par le procédé que j'ai décrit, la surface des animaux de Richet, de 40 kilog., 30 kilog., 20 kilog., 10 kilog., 5 kilog. et 4 kilog.

Ce surfaces, je dois le dire, se sont trouvées sensiblement inférieures à celles données par Richet, et par conséquent la proportion du foie par décimètre carré s'est trouvée ainsi assez augmentée; mais, fait important, le rapport du poids du foie à la surface est resté également constant. Je réunis mes résultats dans le tableau suivant (nº 8) :

Tableau nº 8. — CHIENS

POIDS DE L'ANIMAL	SURFACE TOTALE en DÉCIMÈTRES CARRÉS	POIDS TOTAL DU FOIE	POIDS DU FOIE par DÉCIMÈTRE CARRÉ
40 kilog.	86 déc. carrés.	836 grammes.	9gr 72
30 —	71 —	688 —	9 11
20 —	54 —	512 —	9 48
10 —	34 —	336 —	9 85
5 —	21,50	211 —	9 81
4 —	18,50	211 —	11 51

Ainsi pour le chien, d'après ces calculs, la quantité de foie par décimètre carré de l'animal, depuis 40 kilog. jusqu'à 5 kilog., est restée comprise entre 9 et 10 grammes; ce n'est que pour l'animal de 4 kilog. que cette proportion a dépassé 11 grammes.

Lapin. — Pour cet animal, comme pour les deux précédents, je le rappelle, la quantité de foie est allée en diminuant au fur et à mesure que le poids total était plus élevé. De 47 gr. 14 par kilog. du poids total pour les lapins pesant moins de 1,400 grammes, elle était descendue à 44 gr. 52 pour ceux pesant de 1,400 à 1,800 grammes, et seulement à 38 gr. 07 pour ceux dépassant 1,800 grammes. Or, contrairement à ce qui précède, le rapport du foie à la surface est sensiblement constant pour ces trois groupes. Il est de 6 gr. 84 pour le premier, de 7 gr. 04 pour le deuxième et de 6 gr. 77 pour le troisième. (Tableau n° 4).

De nouveau, le poids du foie est en rapport avec la surface.

Hérisson. — Je retrouve pour le hérisson le même fait que pour le cobaye. Les animaux jeunes qui, comparativement au poids, ont cependant une quantité de foie supérieure à l'âge adulte, ont une proportion inverse quand on compare cette quantité avec la surface. Mais aussi, de même que pour le cobaye, bien avant d'arriver à l'âge adulte, la proportion du foie atteint le chiffre qu'elle conservera désormais. Voici, en effet, mes résultats à cet égard. (Tableau n° 9).

Tableau n° 9. — HÉRISSONS

POIDS DE L'ANIMAL	SURFACES TOTALES en DÉCIMÈTRES CARRÉS	POIDS TOTAL DU FOIE	QUANTITÉ DE FOIE par DÉCIMÈTRE CARRÉ
250 kilog.	2 déc. c. 80	16 gr.	5gr 68
560 —	4 — 90	37,60	7 55
850 —	6 — 40	00,45	7 03

Ainsi, fait important, sauf pour les sujets très jeunes des cobayes, des chiens et des hérissons, nous arrivons à cette conclusion que, chez les mammifères dont la croissance est avancée, le rapport du poids du foie à la surface totale est sensiblement constant.

Poulet. — Pour cet animal, nous avions trouvé une différence en ce qui concerne le rapport du poids du foie à celui du poids total. Ceux au-dessous de 800 grammes avaient une moyenne de 34 grammes de foie par kilog. et ceux au-dessus de 1,100, 28 gr. 8 seulement. Or, de nouveau, cette différence disparaît quand nous comparons le poids du foie à la surface.

Ceux pesant moins de 800 grammes ont une surface totale de 6 d. c. 30 et 25 grammes de foie, ce qui donne 3 gr. 97 de foie par décimètre carré; et ceux au-dessus de 1,100 donnant une moyenne de 1,200 ont une surface de 8 d. c. 78 et 35 grammes de foie par kilog., ce qui donne 3 gr. 98 de foie par décimètre carré. (Tableau n° 5).

Comme on le voit, ces deux rapports, quoique portant sur des animaux d'un poids bien différent, se confondent presque.

Pigeon. — Le même fait se produit pour le pigeon (tableau n° 6). Ceux pesant moins de 350 grammes ont une surface moyenne de 3 d. c. 27 et une moyenne de foie de 10 gr. 73, soit 3 gr. 28 de foie par décimètre carré; et ceux pesant 400 grammes ont une surface de 3 d. c. 97 et 13 gr. 66 de foie, soit 3 gr. 44 par décimètre carré.

Le rapport de ces deux groupes, en ce qui concerne le poids du foie au poids total, je le répète, a été de 35 gr. 9 pour les premiers et de 31 grammes pour les seconds.

De toutes les observations faites sur six espèces animales, il me semble donc que, malgré les deux exceptions concernant les cobayes et les hérissons tout à fait en bas âge, on peut arriver à cette conclusion comme étant l'expression d'un fait général que : *pour la même espèce animale, le volume du foie est en rapport avec la surface.*

III.

CONSIDÉRATIONS GÉNÉRALES.

Reprenons maintenant ces divers faits, envisageons-les dans leur ensemble, et voyons les conclusions que l'on peut en tirer d'une manière ferme, celles qui sont seulement probables, et, enfin, les applications pratiques qu'elles peuvent inspirer.

1° Ce fait paraît constant que d'une manière très générale, pour la même espèce animale, le rapport du poids du foie au poids total va en diminuant au fur et à mesure que le volume de l'animal augmente.

Cette loi se vérifie aussi bien pour les différences de volume dues à l'âge, à la période d'évolution (cobaye, lapins, hérissons, poulets, pigeons) qu'à la différence de races (chiens).

2° Ce même rapport, en le comparant chez des animaux adultes et sensiblement de même poids (cobayes, lapins, hérissons, poulets et pigeons), est plus élevé pour les carnivores, beaucoup moins pour les granivores, et intermédiaire pour les herbivores.

3° Sauf pour les animaux tout à fait en bas-âge, le rapport du poids du foie à la surface, pour une même espèce animale, paraît sensiblement constant.

4° Ce rapport reste constant, même pour les diverses races d'une même espèce animale (chien).

5° La différence due au genre d'alimentation constatée, en ce qui concerne le rapport du foie au poids total de l'animal, se retrouve, quoique atténuée, dans le rapport avec la surface. C'est le chien et le hérisson, carnivores, qui ont les rapports les plus élevés, et les deux granivores qui ont le plus faible.

Tels sont les principaux faits qui me paraissent se dégager de ces diverses recherches; et, déjà, sans autre application, ils me paraissent présenter un réel intérêt; ils servent tout au moins à confirmer cette loi générale que, dans l'organisme animal, rien n'est laissé au hasard, que tous les organes ont des dimensions qui doivent correspondre à certains besoins. Car il est évident que, logiquement, tout rapport constant entre deux organes prouve l'existence d'un lien les unissant.

A ce point de vue donc, les divers faits que je viens de signaler, par eux-mêmes, méritent d'être retenus. Mais, en outre, essayons de faire un pas de plus dans cet ordre de recherches; et voyons tout d'abord, s'il nous serait possible de trouver la véritable explication de ces rapports constants entre le volume du foie et la surface cutanée, ou, en d'autres termes, de saisir *la cause de l'adaptation du volume du foie à cette surface.*

L'hypothèse suivante me paraît probable.

Sur la totalité des calories correspondant à la ration d'entretien (2,700 d'après Richet, 2,600 d'après Gautier, 2,400 environ pendant les saisons intermédiaires pour un homme de 60 kilog. d'après mes recherches) les deux tiers, 1,900, d'après Richet et Gautier, sont perdues par la radiation cutanée. Or, cette radiation, toutes autres conditions égales d'ailleurs, pour une même espèce animale étant forcément proportionnelle à la surface, il en résulte que les dépenses d'un organisme animal sont surtout en rapport avec cette surface, puisque les deux tiers de la dépense totale sont perdus par la radiation cutanée. Cet organisme devra donc produire d'autant plus de calories que sa surface cutanée sera plus grande.

Nous pouvons même admettre théoriquement, que si notre corps, tout en conservant le même volume, acquerrait une surface double, la dépense en calories dépendant de la radiation, soit les deux tiers de la dépense totale, serait doublée; et, par contre, que si ce même volume n'avait qu'une surface beaucoup moindre, comme en prenant la forme sphérique, ces mêmes deux tiers de dépenses seraient forcément diminués. Or, c'est ce qui se passe lorsque tout en conservant la même forme, le volume est augmenté, comme dans l'évolution normale de l'homme et des animaux.

Le rapport de leur surface à leur volume ou à leur poids, si nous leur supposons une densité égale à 1, sera d'autant plus faible que le volume sera plus grand. Pour ce qui nous concerne, le kilog. d'enfant de trois ans correspond sensiblement à 4 décimètres carrés et le kilog. d'adulte à 2 seulement.

Or, ce point rappelé, d'où proviennent ces calories qui rayonnent par la surface cutanée? Nous le savons, quelle que soit l'alimentation, nous brûlons surtout du glucose, qui, au moins en grande partie, est élaboré par le foie; et, dès lors, il devient tout naturel, pour ainsi dire forcé, que le volume de cet organe chargé de faire le glucose, soit en rapport constant avec la surface cutanée qui en dépense la plus grande partie : *L'organe élaborant le combustible doit forcément s'adapter d'une manière constante avec celui qui le dépense.*

Ainsi donc se trouvent expliqués, et pour moi de la manière la plus satisfaisante, deux des principaux points relevés dans mes recherches :

1° Le rapport sensiblement constant entre le volume du foie et la surface cutanée, fait déjà signalé par Richet pour le chien;

2° La diminution du volume du foie par rapport au poids total de l'animal, au fur et à mesure que le volume de ce dernier augmente, puisque la surface augmente moins vite que le volume.

Mais essayons de faire un pas de plus dans l'explication des faits observés.

Nous avons vu, que, d'une manière générale, les carnivores ont une quantité de foie plus considérable que les herbivores et surtout que les granivores. Or, comment expliquer ce fait également constant?

L'explication se dégage moins évidente que précédemment, parce que probablement ce fait constant dépend de plusieurs causes, et que ces causes agissent avec des influences variables suivant les espèces animales.

Constatons d'abord que, d'une manière indiscutable, ce sont les granivores qui ont la plus petite proportion de foie. Or, je tiens tout de suite à éliminer cette hypothèse que, vu leur plumage, leur radiation cutanée doit être diminuée, ce qui leur permettrait d'avoir une proportion du foie moindre. Nous savons, en effet, qu'au contraire les oiseaux rayonnent plus même, par kilog. de poids, que les mammifères.

Cette hypothèse doit donc être écartée. Mais une autre se présente, c'est celle du travail du foie, plus ou moins grand selon que cet organe doit élaborer le glucose destiné à être brûlé, seulement avec le glucose qu'il reçoit de la digestion par le système porte, ou selon qu'il doit l'élaborer avec les corps gras ou les azotés.

Il est certain que les deux animaux carnivores que j'ai examinés, le chien et le hérisson, sont condamnés à faire du calorique, soit du glucose, avec les azotés. Mes recherches, en effet, sur le hérisson m'ont prouvé qu'il ne trouve dans les corps gras guère plus de la moitié des calories qu'il dépense. Lui et le chien sont donc condamnés à faire du sucre avec les corps gras et les azotés. La relation nutritive du hérisson, en comparant les azotés aux ternaires, est de 2/1 environ, et si nous considérons la relation nutritive d'après les calories de 1/1.

D'autre part, les granivores dépensent également assez d'azotés; mais, il est vrai, avec des relations nutritives beaucoup moins élevées. Voici celles de leurs aliments les plus usuels. Je donne les deux relations nutritives :

Blé, par nature d'aliments,		1/6 ; par calories,		1/4,6
Avoine,	—	1/7	—	1/6
Orge,	—	1/6,5	—	1/6
Maïs,	—	1/7	—	1/6

Comme on le voit, les 5/6 des calories fournies par ces aliments le sont par les ternaires ; et, sauf pour le maïs, presque exclusivement par les amylacés, qui arrivent au foie à l'état de glucose.

Avec de semblables relations nutritives, il se pourrait donc que le foie n'ait pas à transformer les azotés en glucose pour faire face aux dépenses de la radiation cutanée. Dans l'alimentation des carnivores, je l'ai déjà dit, c'est le contraire. Outre que la transformation des corps gras en glycogène doit demander au foie une élaboration plus longue que celle du glucose en cette même substance, il est condamné à faire du glycogène avec les azotés.

Il se pourrait donc que cette obligation de la part du carnivore le conduise à une proportion plus grande du foie.

Cette hypothèse me paraît recevoir un sérieux appui des

expériences que j'ai souvent citées, et ayant consisté dans l'alimentation exclusive du lapin avec du fromage pendant que des témoins, pris dans la même portée, restaient au régime exclusivement végétal.

J'ai repris deux fois cette expérience : la première fois avec une durée de dix mois et de six mois pour la seconde. Or, les résultats que je consigne dans le tableau suivant sont-ils des plus démonstratifs. (Tableau n° 10.)

TABLEAU N° 10. — LAPINS

N^{os} d'ordre	RÉGIME	POIDS TOTAL au début de l'expérience.	POIDS TOTAL à la fin de l'expérience.	POIDS du FOIE	QUANTITÉ DU FOIE par kilogramme D'ANIMAL : pour chaque animal.	QUANTITÉ DU FOIE par kilogramme D'ANIMAL : moyenne.	MOYENNE GÉNÉRALE du pourcentage : Herbe.	MOYENNE GÉNÉRALE du pourcentage : Fromage.
			PREMIÈRE EXPÉRIENCE (durée 10 mois.)					
1	Végétal.	680	1210	37	30,5	»	27,4	38,8
2	Fromage.	580	1780	86	48,4			
			SECONDE EXPÉRIENCE (durée six mois).					
3	Végétal.	629	1160	33	28,4	25,9	27,4	38,8
4	Végétal.	?	1880	44	23,4			
5	Fromage.	467	1365	48	35,2	34,0		
6	Fromage.	565	1370	45	32,8			

Comme on le voit, dans ces deux expériences, le volume du foie a considérablement augmenté sous l'influence d'une alimentation composée exclusivement de substances azotées et grasses. Le fromage, dit pâte-grasse, que j'ai utilisé, ne contient guère que 2 °/₀ de sucre, mais 30 °/₀ d'azotés et 27 °/₀ de corps gras.

La relation nutritive était donc, par aliment, de 1/1 et par calories 3/5. Le travail du foie, dans ces conditions, devait être forcément augmenté. Mais quelle est celle de ces deux substances, des azotés et des corps gras qui impose à cet organe l'élaboration la plus pénible? Je ne saurais le dire. Je crois devoir cependant rappeler que le maïs, qui est surtout employé pour l'engraissement des oiseaux de basse-cour, engraissement pendant lequel le volume du foie dépasse facilement cinq fois son volume, contient 5 gr. 5 % de corps gras, et que sur 370 calories fournies par 100 grammes de maïs, le corps gras en fournit environ 50.

Il résulte donc de ce qui précède, que, sans pouvoir préciser si la proportion plus grande du foie chez les carnivores est due à l'élaboration surtout des azotés ou surtout des corps gras en glucose, nous pouvons cependant considérer comme probable, que c'est à l'utilisation forcée d'un de ces aliments ou des deux, pour faire du glucose, qu'est due, au moins en partie, cette plus grande proportion.

Enfin, je dis au moins en partie, parce qu'il se pourrait qu'une autre cause intervînt. Je veux parler de la neutralisation des produits septiques qui arrivent au foie par le système porte, produits septiques ou toxiques qui semblent se former en plus grande quantité dans l'alimentation par les azotés qu'avec toute autre.

Depuis longtemps j'ai insisté sur ce point, et un travail expérimental récent, en mettant la production de ces produits hors de doute, est venu donner un nouvel appui à mon idée que les expériences que j'ai déjà citées rendaient probables et à laquelle m'avaient conduit d'autre part de nombreux faits cliniques.

Ces dernières expériences[1] sont celles de MM. Cassaet et Saux ayant établi la toxicité du produit des digestions des viandes.

Tous ces faits et les considérations qui les ont suivis me conduisent donc aux conclusions suivantes :

1° Au moins trois influences, tout en le laissant normal, peuvent modifier le rapport du foie avec le volume de l'organisme : la *radiation cutanée*, le *genre d'alimentation* et la quantité de *produits toxiques* provenant du tube digestif.

2° Pour une espèce animale donnée, et recevant la même nourriture, le volume du foie est surtout en rapport avec la radiation cutanée. Dans ces conditions, le poids du foie et la surface cutanée sont liés par un rapport constant.

Pour la même espèce animale, cette influence paraît être la plus importante. Il est même possible que les variations que subit la radiation cutanée suivant les climats et les saisons soient suffisantes pour se faire sentir sur le foie.

3° Pour la même espèce animale, les modifications de régime peuvent également changer le rapport du foie avec l'organisme.

1. Cassaet et Saux (Société de biologie, année 1901, pp. 623, 715, 783, 1072).

Il semble résulter de mes recherches que l'alimentation par les céréales, et surtout par le blé, l'orge, l'avoine, est celle qui exige le moins de foie; et, au contraire, que l'alimentation carnéè est celle qui en exige le plus.

4° Cette influence due au genre d'alimentation est marquée surtout dans les diverses espèces animales. Ce sont les carnivores qui ont la proportion du foie la plus élevée et les granivores qui ont la plus faible.

5° Mais quelle que soit l'alimentation, le rapport du foie à la surface pour la même espèce animale reste constante.

6° L'influence des agents toxiques provenant du tube digestif pour augmenter le volume du foie me paraît également bien établie. Elle semble se combiner avec celle de l'alimentation carnée pour porter à son maximum le rapport du poids du foie à l'organisme. Il est également probable que cette influence, en s'exagérant, peut conduire le foie à l'état pathologique.

7° Toutes ces modifications du volume du foie sous l'in fluence d'une quelconque de ces influences me paraissent relever de la loi de l'adaptation des organes aux besoins de l'organisme.

8° Enfin, les différents rapports que j'ai établis et surtout les deux plus importants, celui du volume du foie avec la surface et celui de même volume avec l'alimentation, apportent une preuve nouvelle à cette conception, que tout dans l'organisme vivant est soumis à des lois, et que, même dans les manifestations de cet organisme qui semblent le plus être livrées au hasard, ces rapports leur restent entièrement soumis.

Toulouse, Imp. Douladoure-Privat, rue St-Rome, 39. — 1256

www.ingramcontent.com/pod-product-compliance
Ingram Content Group UK Ltd.
Pitfield, Milton Keynes, MK11 3LW, UK
UKHW021201230726
13926UKWH00001B/245